Vida Ilustrada de Jesús

Por el

RDO. LORENZO G. LOVASIK, S.V.D.
MISIONERO DEL VERBO DIVINO

CATHOLIC BOOK PUBLISHING CORP.
NUEVA JERSEY

AL LECTOR . . .

EL Concilio Vaticano II estableció: "Es del conocimiento general que entre todas las Escrituras, aun las del Nuevo Testamento, los evangelios ocupan un lugar de especial importancia, y con todo derecho, puesto que son los testigos principales de la vida y enseñanzas de la Palabra hecha carne, nuestro Salvador" (De la Revelación Divina, Núm. 18).

El propósito de "VIDA ILUSTRADA DE JESÚS" es ayudar a conocer y a amar a Jesucristo todavía más. No hay tema que debiera ser más querido por todos que la adorable Persona de Cristo Jesús, la Divina Palabra hecha carne, y no existe otro alguno que pueda serle más útil para alcanzar su salvación.

Todo lo puede usted encontrar en Cristo y, sin El, no existe la posibilidad de salvación ni de santificación. Toda gracia puede ser lograda a través de El y toda gloria puede ser dada a Su Padre.

Las hermosas láminas a todo color harán que Su historia sea aun más atractiva.

Fr. Lawrence S.V.D.

NIHIL OBSTAT: Rev. C. Anthony Ziccardi, S.S.L. — *Censor Librorum*
IMPRIMATUR: ✠ Mons. John J. Myers, J.C.D., D.D. — *Arzobispo de Newark*

(T-937)

Printed in China ISBN 978-0-89942-987-8

CPSIA August 2021 10 9 8 7 6 5 4 3 2 1 L/P

catholicbookpublishing.com

INDICE

El Nacimiento de Jesús es Anunciado

EL Angel Gabriel dijo a María: "Dios te salve, María. Llena eres de gracia. El Señor está contigo. Bendita tú entre todas las mujeres." María estaba preocupada y se preguntaba qué querría decir este saludo. Entonces el ángel le dijo: "El Espíritu Santo vendrá sobre tí."

Y continuó: "No temas, María, porque tú has encontrado gracia ante Dios. He aquí que concebirás en tu seno y tendrás un hijo; y le pondrás por nombre Jesús.

Al saber que esto sería hecho por obra y gracia de Dios, María contestó: "Yo soy la sierva del Señor. Cúmplase en mí según tú has dicho."

María Visita a Su Prima Isabel

MARIA entonces fue a toda prisa hasta la parte de las montañas, donde vivía su prima Isabel. Cuando Isabel escuchó el saludo de María, el niño que llevaba en su vientre se movió, e Isabel dijo a María: "Bendita tú entre todas las mujeres y bendito el fruto de tu vientre. ¿Quién soy yo para que venga a mí la madre del Señor?"

María respondió: "Todo mi ser proclama la grandeza del Señor, mi espíritu se regocija en Dios mi Salvador. Porque todas las edades me llamarán bendita. Dios Todopoderoso ha hecho grandes cosas en mí."

María permaneció con Isabel por tres meses y después regresó a su hogar de Nazaret.

Nacimiento de Jesús

EL Emperador romano Augusto había ordenado que todo el pueblo bajo su reinado fuese contado. José y María tuvieron que viajar desde su casa en Nazaret hasta Belén.

Tantas personas habían ido hasta Belén que cuando ellos llegaron ya no quedaba espacio para ellos en la posada. En las afueras del pueblo, en las colinas, encontraron una cueva. Allí nació Jesús. María Lo envolvió en unos suaves pañales y Lo acostó en el pesebre.

Allí cerca habían pastores que cuidaban sus ovejas. De repente, un ángel se les apareció y dijo: "No tengan temor. Porque les traigo muy buenas noticias, porque hoy ha nacido en Belén el Salvador. Encontrarán al Niño Jesús acostado en un pesebre."

Después se aparecieron otros ángeles, que alababan a Dios, cantando: "Gloria a Dios en las alturas y en la tierra paz a los hombres que El ama."

Los pastores fueron de prisa y encontraron a María y a José, y vieron al Niño acostado en el pesebre. Cuando los pastores Lo contemplaron, dijeron a María y José lo que los ángeles habían dicho acerca del Niño.

Simeón Predice la Misión de Jesús

CUANDO Jesús tenía cuarenta días de nacido, José y María Lo llevaron al Templo para dedicárselo a Dios.

El Espíritu Santo había dicho a Simeón que no moriría hasta que él hubiese contemplado al Mesías del Señor. Al ver al Niño, Simeón Lo tomó en sus brazos y dio gracias a Dios. También dijo a María que ella habría de sufrir mucho por su amor a Jesús.

Los Tres Reyes Magos Vienen a Adorar a Jesús

SIENDO todavía Jesús un niñito, tres Reyes Magos vinieron desde tierras muy lejanas. Ellos habían visto una estrella en el Oriente y habían venido a adorar al nuevo Rey que había nacido. El rey Herodes temía a este nuevo Rey. El dijo a los Reyes Magos que fueran y encontraran a este nuevo Rey y se lo informaran.

La estrella iba delante de ellos hasta que llegó al lugar donde se encontraba el Niño. Entraron en la casa y vieron al Niño con María, Su madre. Se arrodillaron y Lo adoraron; después abrieron sus cofres y le ofrecieron oro, incienso y mirra

Dios advirtió a los Magos que volvieran por otro camino y no fueran de nuevo a Herodes; así que regresaron a sus países siguiendo otra ruta.

Jesús Habla con los Maestros

CUANDO Jesús tenía doce años de edad fue a Jerusalén con María y José. Terminadas las fiestas, Sus padres emprendieron el regreso al hogar, pero descubrieron que Jesús no estaba con ellos. Durante tres días Lo buscaron.

Por último encontraron a Jesús en el Templo, rodeado por los sabios, escuchándoles y haciéndoles preguntas.

Al verlo, Su madre Le dijo: "Hijo, ¿por qué nos has hecho ésto?" El respondió: "¿Por qué Me buscaban? ¿No sabían ustedes que Yo debo estar en la casa de Mi Padre?"

María no comprendía que Jesús estaba haciendo la labor de Su Padre celestial. Después El regresó obedientemente a Nazaret.

Jesús Ayuda a José en Su Taller

LA Sagrada Familia vivía en Nazaret dedicada a la oración y al trabajo. Jesús ayudaba a José en el taller de carpintería y cuando José murió El cuidó de Su Madre hasta que cumplió los treinta años de edad.

Jesús siempre fue respetuoso con Sus padres, amándolos y obedeciéndolos en todo. De esta manera fue ejemplo para todos los niños y niñas de cómo deben obedecer y amar a sus padres.

El Evangelio nos dice que Jesús creció en sabiduría, en estatura y en gracia delante de Dios y de los hombres. El se estaba preparando para la labor que Su Padre Le había encargado como Maestro y Redentor.

Jesús Comienza la Labor de Su Padre

UN día Jesús entró en una sinagoga, que era el lugar de adoración en Nazaret. Allí dijo al pueblo que El era el Mesías.

Les dijo que El había sido enviado por Su Padre para predicar el Evangelio a los pobres, redimir a los cautivos, devolver la vista a los ciegos, libertar a los prisioneros y predicar acerca de la llegada del Señor.

Ellos se quedaron asombrados al oírlo hablar y se preguntaban: "¿No es éste el Hijo de José?" Entonces El les dijo: "Ningún profeta es bien recibido en su propio pueblo."

La gente no le creía; entonces se enojaron con El y Lo echaron de la sinagoga y trataron hasta de matarle. Pero Jesús se alejó de aquel lugar.

Jesús Escoge a los Doce Apóstoles

JESUS subió a un cerro y allí permaneció toda la noche en oración junto a Su Padre. Al despuntar el nuevo día descendió y escogió a doce hombres que habrían de estar siempre junto a El. Ellos serían llamados Apóstoles.

Fueron: Simón Pedro y Andrés, Santiago y Juan, Felipe y Bartolomé (o Natanael), Mateo y Tomás, Santiago y Simón, Judas Tadeo y Judas (el que lo traicionaría).

Jesús escogió a estos hombres para que fuesen la base de Su Reino y de Su Iglesia, ya que El les daría los poderes del sacerdocio; es decir: ofrecer el sacrificio de la Misa, perdonar los pecados y enseñar en Su nombre. Ellos ocuparían Su lugar en la tierra y otorgarían estos mismos poderes a otros sacerdotes.

Jesús Cura a Muchos Enfermos

AL atardecer la gente comenzó a traer hasta Jesús a todos los enfermos de sus familias y amistades. Cuando nuestro Señor vio la multitud, comenzó a poner Sus manos sobre los enfermos y los sanaba.

Jesús vino al mundo para salvarnos del pecado y de toda clase de males. Demostró tierna compasión por los enfermos y muchas veces los curó de sus enfermedades.

Jesús dijo: "Vengan a Mí todos los que se sientan cansados de llevar sus pesadas cargas, que Yo les haré descansar. Tomen Mi yugo y pongánselo, aprendan de Mí porque soy tierno y humilde de espíritu y así encontrarán descanso."

Jesús Habla con Nicodemo

UN jefe de los judíos, llamado Nicodemo, fue a ver a Jesús una noche y Le dijo: "Maestro, sabemos que Dios Te envió, porque nadie puede realizar los milagros que Tú haces, a menos que Dios esté con él."

Jesús le dijo que a menos que un hombre volviera a nacer de nuevo por medio del agua y del Espíritu (en el Bautismo), no podría entrar en el Reino de Dios. Jesús quería decir que nadie puede llegar a ser hijo de Dios si no tiene un corazón renovado y un espíritu que solamente Dios puede dar.

Nicodemo creyó en Jesús. Renació y se convirtió en hijo de Dios.

Jesús y el Sermón de la Montaña

JESUS subió hasta una colina, donde todos pudieran verlo, y comenzó a enseñar a una gran multitud que se había reunido.

Les dijo que Dios nos había creado para que Lo conociéramos, amáramos y sirviéramos en este mundo, para que así pudiéramos ser felices para siempre con El en el cielo.

Para poder ser felices tenemos que ser pobres de espíritu; tenemos que ser mansos; arrepentirnos de nuestros pecados; debemos ser santos, misericordiosos, puros, pacíficos y desear padecer por amor a Dios.

Dijo Jesús: "Estad alegres y felices, porque os aguarda una gran recompensa en el cielo."

Jesús Enséñanos a Confiar en Dios

JESUS quiere que todos sepan lo bueno que es Dios. El dijo a Sus discípulos que mirasen los pájaros del cielo, los cuales no siembran, pero Dios les da de comer. Les señaló los lirios del campo que Dios ha hecho, que son más hermosos que un rey vestido con ropas reales.

Si recordamos esta lección daremos gracias a Dios por nuestro hogar, nuestras ropas, nuestros alimentos, porque El nos ha dado y demostrado Su amor en muchas formas maravillosas.

Jesús dijo: "Ustedes son como una luz que ilumina todo el mundo. Esa luz debe brillar delante de toda la gente, para que puedan ver todas las cosas buenas que ustedes hacen y dar alabanza al Padre que está en el cielo."

Jesús Pide el Amor al Prójimo

DIJO Jesús: "Traten a los demás de la misma forma que ustedes desean que ellos los traten a ustedes: es éste el resumen de la ley y de los profetas. No juzguen a los demás para que no sean juzgados. Cuando alguien les pida algo, dénselo; y cuando alguien les pida algo prestado, préstenselo."

El dijo a Sus Discípulos que jamás debían decir cosas desagradables a nadie, ni portarse mal con los demás.

Cada vez que olvidamos los deseos de Jesús y hacemos daño a alguien, tenemos que decirle inmediatamente que lo sentimos mucho. Entonces Dios se alegrará y escuchará nuestras oraciones.

Jesús y la Pesca Milagrosa

JESUS dijo a Pedro que remara hasta el medio del lago para pescar. Pedro lo obedeció enseguida, aunque había trabajado toda la noche sin pescar nada. Al tender ahora sus redes pudo atrapar tantos peces que el bote casi se hundía.

Pedro se dio cuenta que estaba en presencia del gran poder de Dios, cayó de rodillas delante de Jesús, diciendo: "Apártate de mí, Señor; porque soy un pecador."

Jesús le dijo: "No temas, de ahora en adelante serás pescador de hombres." Jesús invitó a Sus Discípulos a que fueran pescadores de hombres. Ellos lo abandonaron todo y Lo siguieron.

Jesús nos enseña que sin Su ayuda no podemos hacer nada.

Jesús Cura a un Paralítico

JESUS volvió a Su pueblo. Algunos hombres Le trajeron a un paralítico que estaba acostado en una camilla y no se podía mover.

Jesús, viendo la fe de aquellos que llevaban al paralítico, dijo a éste: "Ten valor, hijo, tus pecados te son perdonados."

Entonces, para demostrar que El tenía poder para perdonar los pecados, le dijo al hombre: "Levántate, toma tu lecho y vete a tu casa." El hombre se puso de pie, completamente curado.

Por medio de Sus sacerdotes Jesús ahora nos perdona los pecados a través del Sacramento de la Penitencia, si nos arrepentimos sinceramente.

Jesús Cura al Hijo de un Oficial

EL hijo de un oficial del rey se encontraba enfermo. Su padre se llegó hasta Jesús y Le rogó que viniese a su hogar para que curara a su hijo, porque si no moriría.

Jesús dijo: "A menos que ustedes vean milagros no creerán." Pero el oficial Le suplicaba aún más, diciéndole: "Señor, ven a mi casa antes de que muera mi hijo."

Tan pronto como nuestro Señor dijo al padre: "Vete para tu casa, tu hijo vive," vinieron los criados para decirle que en aquel mismo momento el muchacho había sido curado.

Tanto el padre como toda su familia creyeron en Jesús, porque habían visto Su poder.

Jesús Resucita al Hijo de una Viuda

AL llegar Jesús con Sus discípulos al pueblo de Naín, se encontraron con una procesión fúnebre. Era el entierro del único hijo de una pobre viuda.

Viendo el dolor de la madre, Jesús se compadeció. Le dijo que no llorara. Después, dirigiéndose al muerto, dijo: "Joven, a tí te hablo. Levántate."

El joven se sentó y comenzó a hablar y Jesús se lo entregó a su madre. Todo el pueblo de Naín se regocijó y comenzó a alabar a Dios.

Decían ellos: "¡Un gran profeta ha aparecido entre nosotros! Dios ha visitado a Su pueblo."

Jesús Cura a un Ciego

UN ciego estaba sentado al lado del camino. Cuando escuchó que Jesús se acercaba, comenzó a gritar: "Jesús, hijo de David, ten piedad de mí." Jesús se detuvo y Le trajeron al ciego. Cuando aquel hombre se llegó hasta Jesús, exlamó: "Señor, haz que vea." Dijo Jesús: "Recobra la vista, tu fe te ha salvado."

El ciego pudo volver a ver y se fue dando gracias a Dios por Sus bondades.

También nosotros estamos ciegos ante las cosas maravillosas que nos ofrece nuestra Fe, con sus doctrinas y sacramentos. Debemos pedir a Jesús que nos permita contemplar los tesoros que tenemos en la Iglesia Católica.

Jesús Alimenta a Cinco Mil Personas

UNA vez una gran multitud había estado escuchando a Jesús predicar durante gran parte de día. Al caer la tarde estaban hambrientos, pero no había donde comprar alimentos.

Entonces Jesús tomó en Sus manos cinco hogazas de pan y dos peces, que había traido un muchacho. Los bendijo y dijo a Sus Apóstoles que los repartieran a la gente.

Los Apóstoles repartieron los panes y los peces a todo el pueblo, todo lo que quisieron. Y todavía sobraron doce cestas.

Entonces dijo el pueblo: "¡Seguro que este es el Profeta que había de venir al mundo!" Quisieron hacerle Rey, pero Jesús se fue solo.

Jesús Calma una Tormenta en el Mar

JESUS estaba fatigado. Y pidió a Sus Apóstoles que lo llevaran al otro lado del lago. Entonces se durmió.

De pronto se desencadenó una gran tormenta que amenazaba hundir el bote. Los Apóstoles se asustaron y despertaron a Jesús, diciendo: "¡Señor, sálvanos! ¡Vamos a morir ahogados!"

Jesús se puso de pie y dijo: "¡Haya paz, cálmense!" Inmediatamente el viento cesó de soplar y se calmaron las olas, habiendo una gran calma. Entonces Jesús dijo a los Discípulos: "¿Dónde está vuestra fe?"

Los Discípulos se decían entre sí: "¿Quién es este Hombre? ¡Da órdenes a los vientos y a las olas y éstos Le obedecen!"

Jesús Promete la Eucaristía

EL pueblo siguió a Jesús hasta la otra orilla del lago. Allí El les dijo que ellos buscaban solamente el alimento de este mundo, el pan que El les había dado. Pero que el Pan que les ofrecía era pan celestial.

"Yo soy el Pan de vida que viene del cielo. Todo aquel que coma de este Pan, tendrá vida eterna. Y el Pan que Yo ofrezco es Mi propia carne para dar vida al mundo."

"Mi Carne es verdadero alimento y Mi Sangre es verdadera bebida."

Algunos de los seguidores Lo abandonaron, porque no podían creer Sus palabras.

Jesús Habla de Su Muerte y Resurrección

UN día Jesús dijo a Sus Discípulos: "El Hijo del Hombre será traicionado y entregado en manos de los hombres y éstos Lo matarán. Pero al tercer día resucitará."

Los Discípulos se sintieron muy tristes al escuchar estas palabras, pero no comprendieron lo que querían decir.

En otras dos ocasiones Jesús les habló acerca de Su Muerte y Resurrección.

En otra oportunidad Jesús les dijo: "El Hijo del Hombre será entregado a los gentiles, que Lo azotarán y Le darán muerte, pero al tercer día El volverá a la vida."

Jesús Muestra Su Gloria

PEDRO, Santiago y Juan subieron a lo alto de una montaña acompañando a Jesús. Allí pudieron contemplarlo como nunca Lo habían visto antes. Su cara brillaba como el sol. Sus vestiduras se volvieron blancas como la nieve.

Entonces los tres Discípulos pudieron ver a Moisés y a Elías conversando con Jesús. Pedro dijo: "Señor, es bueno que estemos aquí."

Entonces se escuchó una voz del cielo, diciendo: "Este es Mi Hijo amado, escuchadle." Jesús dijo a Sus Apóstoles que no temieran.

Cuando descendieron, Jesús les advirtió que no contaran a nadie lo que habían visto hasta que El se hubiese levantado de entre los muertos.

Jesús Alaba a Su Madre

UNA vez una mujer de entre la multitud gritó a Jesús: "¡Bendito el vientre que Te llevó y los pechos que Te alimentaron!"

Jesús le dijo: "Antes bien, benditos aquellos que escuchan la palabra de Dios y la guardan."

Jesús alababa a Su Madre porque jamás nadie obedeció a Dios como lo hizo ella. Ella dio la bienvenida al ángel que le anunció que sería la Madre de Dios. Dijo: "Yo soy la sierva del Señor. Cúmplase en mí de acuerdo con tus palabras."

También nosotros seremos bendecidos por Dios si hacemos Su santa voluntad. Jesús dijo: "Si Me amáis, observad Mis mandamientos."

Jesús Bendice a los Niños

JESUS amó a los niños. Un día, mientras estaba enseñando al pueblo, la gente comenzó a traerle a sus niños para que El los bendijera.

Los Apóstoles trataron de alejar a los niños, porque Jesús estaba cansado.

Pero Jesús les dijo: "Dejad que los niños vengan a Mí. No los molestéis, porque el Reino de Dios les pertenece. A menos que vosotros cambiéis y os volváis como estos pequeñuelos jamás entraréis en el Reino de los Cielos."

Y poniendo Sus manos sobre ellos, los bendecía.

Jesús Resucita a una Niña

UN hombre, nombrado Jairo, se arrodilló delante de Jesús, diciéndole: "Mi hijita se está muriendo. Por favor, ven y pon Tus manos sobre ella, para que se salve."

Jesús lo siguió hasta su casa, donde encontraron a todo el mundo llorando. Allí les dijeron que la niña ya había muerto.

Pero Jesús dijo a la gente: "No lloréis; ella no está muerta, sino que duerme."

Jesús entró con los padres y tomando a la niña de la mano, le dijo: "Niñita, levántate." La niña se puso de pie y comenzó a caminar.

Jesús Cura a un Leproso

LA lepra es una enfermedad de la piel que no sólo es muy dolorosa, sino que luce terrible. Los leprosos viven siempre lejos de todas las otras personas.

Una vez un leproso vino a Jesús y postrándose ante El, Le dijo: “Señor, si Tú quieres puedes curarme.” Jesús extendió Su mano y tocándolo, le dijo:“Quiero curarte. Sé limpio.” E inmediatamente fue curado de su lepra.

Jesús siempre tuvo gran compasión por los enfermos. Su ejemplo debe enseñarnos a ser amables con nuestro prójimo.

La lepra es una enfermedad de la piel. Nos recuerda el pecado mortal, el mayor mal del mundo. Jesús nos limpia de nuestros pecados cuando acudimos al Sacramento de la Penitencia.

Jesús Cura a un Sordo-Mudo

UN hombre que no podía hablar ni oír vino hasta Jesús. Jesús puso Sus dedos en los oídos del hombre, después le tocó la lengua y dijo: "Abrete."

Inmediatamente el hombre pudo oír y hablar con toda claridad a Jesús y sus amigos.

Todos los que vieron a Jesús curar a este hombre quedaron pasmados, y dijeron: "Todo lo ha hecho bien; ha hecho oír a los sordos y hablar a los mudos."

Nuestros oídos deberían estar abiertos para recibir las verdades de la vida eterna. Nuestra palabra debería ser usada para pronunciar alabanzas a Dios.

Jesús con Marta y María

CON mucha frecuencia acostumbraba Jesús a visitar a Marta, hermana de María, y a Lázaro, hermano de éstas. Un día, estando María sentada a los pies de Jesús, escuchándole, se encontraba Marta preparando la comida.

Marta se molestó y dijo: "Señor, ¿no Te importa que mi hermana me haya dejado que sirva sola? ¡Dile que me ayude!"

Jesús respondió: "Marta, Marta, tú estás ansiosa y preocupada por muchas cosas; y, sin embargo, solamente una es necesaria. María ha escogido la mejor parte, y no le será quitada."

Jesús nos enseña que sólo una cosa es necesaria en esta vida: poseer a Dios y salvar nuestra alma.

María Lava los Pies de Jesús

SEIS días antes de la Fiesta de la Pascua, Jesús fue a casa de Lázaro y sus hermanas. Ellos se sentaron a la mesa y Marta les servía.

María tomó una libra de ungüento legítimo, de mucho valor, y con él ungía los pies de Jesús. Después los secaba con sus propios cabellos.

Judas Iscariote se enfadó mucho, diciendo que ella debía haber vendido el ungüento y dado el dinero a los pobres. Pero Jesús le contestó: "Déjala que lo haga. Lo que hizo conmigo es muy hermoso. Los pobres siempre están con vosotros, pero Yo no estaré siempre aquí. Cuando ella derramó ese perfume sobre Mi cuerpo, estaba preparándolo para ser enterrado."

Jesús Llora por la Ciudad

JESUS fue al Monte de los Olivos con Sus Discípulos. Allí lloró por Jerusalén, diciendo: "¡Oh, Jerusalén, Jerusalén: Diste muerte a los profetas y apedreaste a los mensajeros que se te enviaron. ¡Cuán a menudo he deseado reunir tus hijos a Mi alrededor al igual que una gallina protege a sus polluelos bajo sus alas; pero tú nunca lo permitiste!"

Después habló acerca del edificio del Templo. "En verdad les digo que el día llegará en que no quede piedra sobre piedra."

Jesús proclamó la caída de Jerusalén, la cual habría de hacer ejecutar al mismo Hijo de Dios.

Treinta y cinco años más tarde el ejército romano destruyó y arrasó la ciudad de Jerusalén.

Jesús Entra Triunfalmente en Jerusalén

UNA vez más Jesús partió hacia Jerusalén. En el camino Sus Apóstoles Le trajeron un pollino, pusieron sobre éste sus mantos y Jesús entró en Jerusalén montado en él.

Grandes multitudes fueron a recibir a Jesús. Muchos colocaron sus mantos sobre el camino, otros cortaron ramas de los árboles para darle la bienvenida. Todo el pueblo gritaba: "¡Bendito el que viene a reinar en nombre del Señor!"

Esto hizo que los enemigos de Jesús se enfurecieran y decidieran darle muerte.

Esta entrada en Jerusalén fue símbolo del deseo de Jesús de reinar como Rey sobre las almas de todo el pueblo.

Jesús Nos Da la Eucaristía

JESUS sabía que muy pronto habría de morir. Así que les dijo a Sus Apóstoles que se reunieran con El en un lugar determinado para celebrar juntos la Ultima Cena.

Jesús tomó pan en Sus manos y después de bendecirlo, lo partió y se lo dio a Sus Discípulos. "Tomad y comed," dijo, "esto es Mi Cuerpo."

Entonces tomó una copa de vino y después de haber dado de nuevo las gracias, se la pasó. "Tomad todos de esta copa," dijo El, "porque esta es Mi Sangre, la Sangre de la Nueva Alianza, que habrá de ser derramada por muchos para el perdón de los pecados. Haced ésto en memoria de Mí."

Jesús dio a Sus Apóstoles el mayor de Sus dones—Su propio Cuerpo y Sangre, bajo la apariencia del pan y del vino. Hizo sacerdotes de Sus Apóstoles y les otorgó el poder de hacer lo mismo que El había hecho, en memoria Suya.

Jesús Habla Acerca del Cielo con Sus Apóstoles

DESPUES de acabada la Ultima Cena, Jesús continuó hablando con los Apóstoles. Sabía que iba a abandonarlos con Su muerte. Así que les ofreció palabras de esperanza acerca del cielo y de sus vidas futuras.

"No permitáis que vuestros corazones se entristezcan. Tened fe en Dios y en Mí. Hay muchas habitaciones en la casa de Mi Padre."

"Yo voy ahora a pepararos un lugar, y después que Yo Me haya ido y os haya preparado un lugar, volveré para llevaros conmigo."

"Os doy un nuevo mandamiento: amáos los unos a otros. De la misma forma que Yo os he amado, así debéis amar los unos a los otros. Por vuestro amor de los unos por los otros, sabrán todos que vosotros sois Mis Discípulos."

Jesús Promete Enviar al Espíritu Santo

DESPUES continuó Jesús hablando acerca del Espíritu Santo y de la labor que El haría en Su Iglesia.

"Le pediré al Padre y El os dará otro Abogado para que esté siempre con vosotros, el Espíritu de la Verdad, El Cual el mundo no puede recibir ya que no Lo ve ni Lo conoce. Pero vosotros Lo conocéis, porque El está con vosotros, El está en vosotros."

"El Paráclito, el Espíritu Santo, el Cual el Padre enviará en Mi nombre, os enseñará todo lo que necesitáis y os recordará todo lo que Yo os he dicho."

Entonces Jesús oró a Su Padre celestial por Sí Mismo y por Sus Discípulos y por todos aquellos que habrían de creer en El.

Jesús en Su Agonía

JESUS fue con Sus Discípulos hasta el Huerto de Getsemaní.

Cayendo en tierra, comenzó a orar: "Padre, si es Tu voluntad, haz que pase de Mí este cáliz; sin embargo, no se haga como Yo quiero, sino como quieres Tú." Se Le apareció un ángel del cielo que Le daba fuerzas y le reconfortaba.

Jesús es Traicionado por Judas

JUDAS, acompañado de una multitud armada con espadas y palos, se acercó a Jesús. Judas les había dicho: "Aquel a quien yo besare, ése es El; prendedlo."

Al acercarse Judas, Jesús le dijo: "Judas, ¿con un beso traicionas al Hijo del Hombre?" Judas fue hasta El y Le dijo: "¡Salve, Maestro!" y Le dio un beso.

Uno de los Discípulos de Jesús cortó de un tajo la oreja del siervo del gran sacerdote. Jesús curó la herida y ordenó que guardase la espada. "Quien toma la espada," dijo El, "tarde o temprano a espada morirá." La muchedumbre condujo a Jesús a casa del sumo sacerdote.

Jesús Declara que El es el Hijo de Dios

JESUS fue interrogado por el sumo sacerdote y por el Concilio de Ancianos, quienes trataron de encontrar alguna acusación en Su contra. Por último, el sumo sacerdote Le dijo: "Por el Dios vivo, dime si Tú eres el Mesías, el Hijo de Dios."

Jesús replicó: "Yo soy. Y Yo os digo que un día veréis al Hijo del Hombre sentado a la diestra del Poder y venir sobre las nubes del cielo."

Entonces el pontífice exclamó: "Ha blasfemado." Así que rasgando sus vestiduras, dijo: "¿Qué os parece?" Todos respondieron: "Merece la muerte."

Jesús es Presentado ante Pilato

EL sumo sacerdote y el Concilio enviaron a Jesús para que fuese presentado ante el gobernador romano. Pilato preguntó a Jesús: "¿Eres Tú el Rey de los judíos?"

Jesús respondió: "Yo soy Rey. Para eso he venido a este mundo, para dar testimonio de la verdad."

Los jefes de los sacerdotes y los ancianos acusaron a Jesús, pero El no respondió. Pilato dudaba. Finalmente, le dijo al pueblo: "Yo no hallo en El ninguna culpa."

"Nosotros seremos responsables," gritaba el pueblo. "¡Caiga Su sangre sobre nosotros y sobre nuestros hijos!"

Jesús es Despreciado por Herodes

MIENTRAS Pilato trataba de decidir qué hacer con Jesús, supo que El era de Galilea. Así que Lo envió a Herodes, gobernante de Galilea, el cual se encontraba en Jerusalén en aquel momento.

Herodes se alegró mucho de ver a Jesús porque deseaba presenciar algún milagro. Pero Jesús guardó silencio durante todo este tiempo.

Entonces Herodes y sus guardas trataron con desprecio a Jesús y se burlaron de El con insultos. Le pusieron encima una vestidura y Lo devolvieron a Pilato.

Jesús es Flagelado por los Soldados

PILATO entregó a Jesús a los soldados romanos para que éstos Lo flagelaran. Los soldados despojaron a Jesús de Sus vestiduras y Lo golpearon con látigos hasta que todo Su cuerpo estuvo cubierto de sangre.

Jesús es Coronado de Espinas

LOS soldados pusieron una corona de espinas en la cabeza de Jesús y colocaron sobre Sus hombros un manto de púrpura. Poniendo en Su mano derecha una caña, se inclinaban ante El y decían: "¡Salve, Rey de los judíos!"

Se mofaban de El, escupían en Su rostro y, tomando la misma caña, Le golpeaban la cabeza.

Jesús es Condenado a Muerte

ENTONCES Pilato presentó a Jesús ante la multitud, coronado de espinas y llevando el manto de púrpura.

Pilato dijo: "¡Ahí tenéis al hombre! Lo he traído ante vosotros para que sepáis que no encuentro culpa alguna en El." Pero cuando los jefes de los sacerdotes y sus sirvientes vieron a Jesús, comenzaron a gritar: "¡Crucifícale!"

Entonces Pilato se lavó las manos ante los judíos, diciendo: "Soy inocente de la sangre de este justo." Y entregó a Jesús en manos de los soldados para que Lo crucificasen.

Jesús Consuela a Algunas Mujeres

LOS soldados romanos colocaron la Cruz sobre los hombros de Jesús y emprendieron el camino hacia el Calvario—el lugar de la crucifixión. Jesús cayó, agobiado por el peso de la Cruz. Entonces los soldados obligaron a Simón de Cirene a que Lo ayudara.

Una muchedumbre seguía a Jesús. Jesús dijo: "Hijas de Jerusalén, no lloréis por Mí, antes bien llorad por vosotras y por vuestros hijos."

Cuando llegaron al Calvario extendieron a Jesús sobre la Cruz. Con grandes clavos clavaron Sus manos y Sus pies a la madera de la Cruz. Después levantaron la Cruz y la pusieron en el lugar que habían excavado para la misma.

Jesús Muere en la Cruz

ENTONCES Jesús oró: "Padre, perdónalos; porque no saben lo que hacen."

Viendo a Su Madre al pie de la Cruz a lado de Su Discípulo amado, Jesús dijo: "Mujer, he ahí a tu hijo." Y a Juan, dijo: "He ahí a tu Madre." Jesús nos dio a Su Madre como regalo en el mismo momento en que moría.

Depués dando una gran voz, Jesús oró: "Padre, en Tus manos encomiendo Mi espíritu." Y habiendo dicho ésto, expiró. Entonces la tierra tembló, se hendieron las rocas, se abrieron las tumbas y la cortina del Templo se rasgó en dos.

El Costado de Jesús es Atravesado

UNO de los soldados hundió su lanza en el costado de Jesús y enseguida salió de la herida sangre y agua. Viendo lo que había sucedido, el soldado dijo: "Verdaderamente éste era un hombre justo."

Jesús derramó la última gota de Su sangre por nuestra salvación. Su Corazón es símbolo de Su amor por nosotros. Ese Corazón fue atravesado—está siempre abierto para recibirnos a nosotros los pecadores.

Con Su muerte Jesús alcanzó la vida para nosotros y pagó por nuestros pecados. Debemos aborrecer el pecado y dedicarnos a Jesús.

Jesús es Bajado de la Cruz

NICODEMO y José de Arimatea eran dirigentes de los judíos y amigos de Jesús. Después de obtener el permiso de Pilato, fueron con sus amigos hasta la Cruz y bajaron el cuerpo de Jesús.

Después depositaron el cuerpo de Jesús en los amorosos brazos de María. Ella sentía dolor y amor, amor por Jesús y nosotros. Ella entregó a Su propio Hijo para nuestra salvación.

Envolviendo el cuerpo en un sudario de lino y ungiéndolo con especies aromáticas, lo depositaron en un sepulcro nuevo, propiedad de José.

Entonces pusieron una gran piedra en la entrada de la tumba. Los dirigentes de los judíos apostaron una guardia de soldados a la entrada.

Jesús Resucita de Entre los Muertos

EN tres ocasiones diferentes había dicho Jesús a Sus Apóstoles que El habría de resucitar al tercer día después de Su muerte.

Al amanecer de la mañana del Domingo, de repente comenzó a temblar la tierra y en muchos lugares se abrieron grandes grietas en la tierra. Mientras la tierra temblaba, un poderoso ángel del Señor descendió del cielo y rodó la piedra que estaba a la entrada del sepulcro y se sentó en ella. Aterrorizados los guardias cayeron al suelo como si hubiesen muerto.

Al volver en sí los guardias vieron que la tumba estaba abierta y vacía. Corrieron para decirle a los jefes de los sacerdotes y fariseos que habían visto un ángel, que había habido un terremoto y que la tumba estaba vacía.

Jesús resucitó por Su poder, glorioso vencedor, y Sus heridas relucían como joyas. La muerte y el pecado habían sido vencidos.

La Divinidad resplandecía a través del Cuerpo glorificado de Jesús y el júbilo llenaba Su Alma. Después apareció ante Sus amigos para hacerlos compartir esa alegría de Su victoria. Con toda seguridad que anteriormente aparecía ante Su propia Madre.

La Resurrección de Jesús nos prueba que El es el Hijo de Dios y que Sus enseñanzas son verdaderas. Este fue Su mayor milagro.

Un Angel Anuncia la Resurrección

MUY temprano en la mañana, María Magdalena y algunas otras mujeres fueron hasta la tumba llevando especies para ungir el cuerpo de Jesús. Se preguntaban quién podría correrles la piedra que cubría la entrada.

Cuando llegaron, vieron con gran sorpresa que la piedra había sido rodada y que había un Angel allí. El Angel les dijo: "¡No está aquí, porque ha resucitado, como dijo que lo haría!"

Les dijo que no tuviesen temor y que fueran a decirle a Pedro y a los otros que Jesús había resucitado de entre los muertos y que volverían a verlo nuevamente.

Pedro y Juan Visitan la Tumba Vacía

CUANDO Pedro y Juan escucharon las palabras de las mujeres, decidieron ir por sí mismos y comprobar lo que habían oído. Corrieron hasta la tumba y entraron en ella. Allí vieron el sudario de lino que había cubierto el cuerpo de Jesús y el paño que había sido puesto sobre Su cabeza. Pero el Cuerpo no estaba allí.

Los dos Apóstoles salieron y pensaban en lo que acababan de ver. Después volvieron a los otros Discípulos y contaron lo que habían visto.

Jesús tambíen se le apareció a María Magdalena y le dijo: "No Me toques, porque todavía no he subido al Padre; pero ve a mis hermanos y diles: Subo a Mi Padre y a vuestro Padre, a Mi Dios y a vuestro Dios."

Jesús Se Aparece a Dos Discípulos

ESE mismo día por la tarde dos de los Discípulos se dirigían hacia Emaús. Mientras caminaban, entristecidos por todo lo que había sucedido, conversaban sobre los hechos de los últimos días, especialmente acerca de la muerte de Jesús.

Jesús se apareció y caminaba con ellos; pero éstos no Lo reconocieron. Les explicó la historia de la salvación y les mostró que el Mesías tenía que sufrir y morir para poder alcanzar la gloria.

Más tarde, cuando se sentaron a comer, reconocieron a Jesús cuando El partió el pan. Jesús desapareció, y ellos fueron presurosos para contárselo a los otros Discípulos.

Jesús Se Aparece a los Discípulos

ESE mismo día por la noche, mientras los Discípulos se encontraban reunidos, a puertas cerradas, Jesús vino hasta ellos y se situó en medio de todos. "La paz sea con vosotros," dijo, y les mostró Sus manos y Sus pies.

Díjoles otra vez: "La paz sea con vosotros. Como Me envió el Padre, así os envío Yo."

Diciendo esto sopló en ellos y les dijo: "Recibid el Espíritu Santo, a quien perdonareis los pecados, les serán perdonados." Con estas palabras, Jesús dio a Sus primeros sacerdotes y a sus sucesores el poder de perdonar los pecados a través del Sacramento de la Penitencia.

Jesús Se Aparece ante Tomás

TOMAS, uno de los Doce Apóstoles, se encontraba ausente la vez que Jesús había aparecido. Cuando los otros le contaron todo lo que había sucedido y que habían visto al Señor, Tomás dijo: "A menos que vea las huellas de Sus clavos y ponga mi dedo en la herida de Su costado, no creeré."

Una semana más tarde, Jesús se les apareció de nuevo a los Apóstoles. Llamando a Tomás le dijo que tocase Sus heridas. Tomás dijo entonces: "¡Señor mío y Dios mío!"

Jesús dijo: "Porque has visto has creído. Dichosos los que sin haber visto han creído."

No vemos a Jesús en la Misa ni en la Comunión, pero nuestra fe nos dice que El se encuentra allí como Sacrificio y Alimento nuestro.

Jesús Se Aparece a la Orilla del Mar

UN día, mientras los Discípulos se encontraban pescando, Jesús se les volvió a aparecer, pero ellos no Lo reconocieron. Desde la orilla, El les dijo que echaran las redes hacia la derecha del bote y así lo hicieron.

Durante toda la noche no habían podido pescar absolutamente nada, pero ahora pescaron tantos peces que no podían sacar las redes del agua. Juan dijo a Pedro: "Es el Señor." Inmediatamente Pedro saltó al agua y vino hasta la orilla.

Los otros le siguieron y todos comieron juntos. Entonces Jesús dijo a Pedro que cuidara de Su Iglesia: "Apacienta Mi Rebaño."

Jesús Envía los Discípulos a Predicar la Fe

JESUS dijo muchas cosas a Sus Discípulos antes de abandonarlos, después de Su Resurrección. Entre otras cosas, El los envió a predicar la Buena Nueva a todo el mundo.

Les dijo: "Me ha sido dado todo poder en el cielo y en la tierra. Id, pues; enseñad a todas las gentes, bautizándolas en el Nombre del Padre y del Hijo y del Espíritu Santo. Enseñándoles a observar todo cuanto Yo os he mandado. Yo estaré con vosotros siempre hasta la consumación del mundo."

Jesús está con nosotros en Su Iglesia por medio de la palabra de Su Verdad y a través de Su presencia en la Santa Eucaristía.

Jesús Asciende al Cielo

DESPUES de 40 días, Jesús llevó a Sus Discípulos hasta una montaña y les abrió la inteligencia para que comprendiesen las Escrituras. Les dijo: "Así estaba escrito, que el Mesías padeciese y resucitase, y que se predicase la penitencia para el perdón de los pecados a todas las gentes."

Les dijo que ellos habrían de ser testigos de todas estas cosas. Pero que debían aguardar la llegada del Espíritu Santo. Y, según los bendecía, ascendió a los cielos.

Jesús está siempre intercediendo por nosotros como Mediador nuestro junto al Padre y como Eterno Gran Sacerdote.

El Espíritu Santo Desciende el Día de Pentecostés

MIENTRAS los Apóstoles se encontraban mirando al cielo, después que Jesús hubo ascendido, dos Angeles vestidos de blanco se presentaron ante ellos. "Hombres de Galilea," dijeron, "¿por qué estáis mirando al cielo? Este Jesús que ha sido llevado al cielo regresará algún día de la misma manera."

Los Apóstoles se arrodillaron y adoraron a Dios. Después regresaron a Jerusalén con gran júbilo, al Aposento Alto donde vivían y oraban todos juntos. Jesús les había dicho: "Permaneced en la ciudad hasta que seáis revestidos del poder de lo alto. Recibiréis ese poder cuando descienda sobre vosotros el Espíritu Santo. Vosotros habréis de ser Mis testigos en todo el mundo."

Diez días más tarde, el Domingo de Pentecostés, estaban los Discípulos reunidos con nuestra Señora. Se escuchó un gran ruido que provenía del cielo, como de un gran viento.

Se vieron lenguas de fuego y fueron todos llenos del Espíritu Santo. Comenzaron a alabar a Dios y a decir a todo el mundo cuán bueno es Dios y cuán maravillosas son Sus obras. El envío del Espíritu Santo es el aniversario de la Iglesia Católica fundada por Jesús.

Jesús, Nuestro Rey, Nos Ayuda

JESUS dijo a Pilato: "Mi Reino no es de este mundo. Por esto he venido Yo al mundo, para hablar de la verdad. Todo aquel que es de la verdad, escucha Mi palabra."

Si deseamos que Cristo sea nuestro Rey debemos siempre tratar de agradarle. Debemos permitir que viva en nosotros, llenando nuestras mentes con Sus verdades y nuestros corazones con Su amor. Debemos pertenecerle por completo, muy especialmente a través de la Sagrada Comunión y de la oración.

Oremos para que todos pertenezcan a Su Reino.

OTROS EXCELENTES LIBROS CATOLICOS

LA SANTA BIBLIA—Edición San José de la moderna traducción completa llamada la *Biblia de América.* Impresa en grandes letras con Notas, Mapas y un Diccionario de la Biblia.

Ordene por No. 610/22GNS or 610/22BLUS

PRIMER LIBRO DE LA MISA—Nuevo Libro de Misas bellamente ilustrado que explica la Misa a los niños y contiene las respuestas de la Misa que ellos deben conocer. Con seguridad ayudará a los niños a conocer y amar la Misa.

Ordene por No. 809/67SB or 809/67SW

LIBRO DE LOS SANTOS—Las vidas de los Santos ilustradas a todo color para jóvenes y adultos. Este magnífico libro representa las vidas de más de 100 Santos en palabra e imagen.

Ordene por No. 236/S

LA BIBLIA ILUSTRADA—Por el RvDO. L. G. Lovasik, S.V.D. — Mas de cien historias de la biblia católica escrita para los niños y niñas en un lenguage simple muy fácil de entender. Tipo grande, ilustraciones a todo color. **Ordene por No. 436/22S**

BIBLIA ILUSTRADA PARA NIÑOS—Por el Rvdo. Jude Winkler, OFM Conv. Historias bíblicas para niños ilustrado a todo color. An ideal introduction to the magnificent stories of the Bible. Tipo grande.

Ordene por No. 636/22S

LIBROS SAN JOSÉ DE LAMINAS PARA NIÑOS—Una nueva y magnifica serie de libros religiosos para niños, bellamente ilustrados a toda color y escritos sencillamente que ayudan a todos los niños a entender mejor la fe católica. Ideal para el hogar y la escuela.

No. 381/S—ORACIONES PARA CADA DIA
No. 390/S—NUESTRA SEÑORA DE GUADALUPE
No. 460/S—MI PRIMER LIBRO DE ORACIONES
No. 461/S—CREO EN DIOS
No. 462/S—LOS SIETE SACRAMENTOS
No. 463/S—MARIA MI MADRE
No. 464/S—EL BUEN SAN JOSÉ
No. 465/S—LOS ANGELES
No. 466/S—EL SANTO ROSARIO
No. 467/S—LA SANTA MISA
No. 469/S—LOS DIEZ MANDA-MIENTOS
No. 470/S—MI PRIMER CATACISMO
No. 472/S—LAS ESTACIONES de la CRUZ
No. 474/S—LAS ESTACIONES DE LA CRUZ
No. 475/S—MIS PRIMERAS ORACIONES

SE VENDAN LIBROS CATOLICOS

See more titles now.